FACULTÉ DE DROIT DE PARIS

THÈSE

POUR LA LICENCE.

PARIS,

TYPOGRAPHIE DE FIRMIN DIDOT FRÈRES,

IMPRIMEURS DE L'INSTITUT DE FRANCE,

RUE JACOB, N° 56.

1840.

FACULTÉ DE DROIT DE PARIS.

THÈSE
POUR LA LICENCE.

L'ACTE PUBLIC SUR LES MATIÈRES CI-APRÈS SERA SOUTENU

LE MERCREDI 26 AOUT 1840, A SEPT HEURES,

Par A. ARMAND,

NÉ A WISERNE (DÉPARTEMENT DU PAS-DE-CALAIS).

Président, M. OUDOT, Professeur.

Suffragants,

MM. BERRIAT SAINT-PRIX,
PONCELET,
PELLAT,   Professeurs.
FÉRY,   Suppléant.

Le candidat répondra en outre aux questions qui lui seront faites sur les autres matières de l'enseignement.

PARIS,

TYPOGRAPHIE DE FIRMIN DIDOT FRÈRES,

Imprimeurs de l'Institut, rue Jacob, n° 56.

—

1840.

A MON PÈRE,

HOMMAGE DE LA PLUS TENDRE RECONNAISSANCE.

JUS ROMANUM.

DE ADOPTIONIBUS ET EMANCIPATIONIBUS.

(D., liv. I , tit. VII; C., liv. VIII , tit. XLVIII ; Gaius, I, 97 à 123.)

§ I.

In patria potestate sunt, non solum liberi qui justis nuptiis nascuntur, sed etiam alii qui legitimantur aut adoptantur. De his ultimis tantummodo inspiciendum est.

Duæ sunt adoptionis species : prima specialiter adoptio dicitur; et ea est per quam filiosfamilias adoptamus; Romæ apud prætorem, in provinciis apud præsidem habebatur.

More antiquo, vera erat alienatio civilis filiifamilias, nam pater naturalis præsentibus testibus antestato et libripende, cui volebat adoptare, filium suum mancipabat; tunc filius in mancipio emptoris erat; emptor eum vindicabat non contradicente patrefamilias, et prætor ei filium adjudicabat, qui tum in familia adoptiva locum obtinebat: hæc mancipatio, si quis filii loco adoptaretur, ter iterabatur, si in filiæ aut nepotis loco, una sufficiebat; sic cautum erat leg. XII.

Jure novo, patrem manifestare voluntatem suam coram magistratu competente, non contradicente patre adoptivo, sufficit. Inde olim absens non adoptari poterat, et nunc potest.

Loco filii nepotis vel pronepotis quisquis adoptari potest; attamen, si nepos, ut ex filio vivente, adoptatur, filii consensus requiritur, nam adoptatus invito filio vivente, suus hæres esse non potest. Quo non adhibito, mortuo avo, adoptatus nepos in potestate filii non cadit.

Non omnes adoptari possunt, nam adoptio naturam imitatur, inde qui adoptat major esse eo quem sibi filium facit, et eum decem et octo annis præcedere debet. Quibus tamen generare non possunt, adoptare permissum est. Feminis etiam non permissum est, quia liberos in potestate non habent.

Quod ad adoptatos pertinet, masculi vel feminæ, puberes vel impuberes esse possunt.

Altera adoptionis species adrogatio dicitur; est ea per quam, quos sui juris sunt adoptamus; et olim in comitiis habebatur, inde Romæ tantum fit; sed postea evanescente populi auctoritate, principis imperio, et ubique fieri cœpit.

Adrogatio dicitur, quia adoptivus et adoptatus rogantur, primus an adoptare, secundus an adoptari vellet.

Quod ad illos qui adrogare volunt, eadem sunt impedimenta, ac supra de adoptione, retulimus. Quod autem ad adrogatos, variæ regulæ sunt: circa puberes sui juris; nulla impedimenta sunt.

Circa impuberes aliquando prohibita, aliquando permissa fuit adrogatio.

Antonius imperator eam permisit sub certis conditionibus : id est, causa cognita, an honesta sit, expediatque pupillo et satisdatione data, de restituendis bonis adrogatione acquisitis, si pupillus intra pubertatem decedat, aut si eum emancipet aut exheredet; et injustæ emancipationis vel exheredationis casu, ei quartam partem suorum bonorum relinquere debet.

Circa enim feminas, jure antiquo per populum adoptari non poterant, id est adrogari, quia comitiis non interveniebant; sed Justiniani tempore, auctoritate principis ad adrogationem sufficiente, tum feminarum adrogatio valide fieri cœpit.

Varii sunt adoptionis effectus : utriusque generis adoptione, adoptati filiifamilias fiunt. Jura legitima in adoptiva familia recipiunt; pristina vero jura in naturali familia amittunt. Sic agabatur more antiquo : jure autem Justinianeo adoptatus in familia naturali remanet, nisi ascendentibus in adoptionem datus fuerit; quo casu jus antiquum servatur. Si extraneo illud tantum ex adoptione consequetur, ut in hereditate legitima adoptantis, jus sui heredis habeat. Sed contra eum testamenti inofficiosi querelam intendere non potest. Specialiter adrogatio alium effectum producit; bona enim adrogati adrogatoris fiunt. Pro quibus restituendis certis casibus satisdatio locum habet, ut supra diximus.

§ II.

DE EMANCIPATIONE.

Emancipatio est actus solemnis quo filiifamilias patria potestate liberantur. Nullum modum emancipationis lex XII Tabularum decreverat. Sed filiifamilias venditionem permiserat, et jurisprudentes per venditiones imaginarias modum solvandi potestatem paternam invenerunt.

Filiusfamilias patrem naturalem aut adoptivum cogere non potest, ut eum a sua potestate liberet. Impubes autem adrogatus, si pubes emancipari desiderat, causa cognita statuendum erit. Pristina emancipationis hæc forma erat: pater filium suum extraneo mancipabat (mancipatio est venditionis forma civilis), quo facto in mancipio extranei filiusfamilias erat, et ille manumittendo hunc filium, in eo patroni jura obtinebat. Si vero pater naturalis hæc jura patroni habere volebat, filium mancipabat, sub pacto de eo remancipando ab emptore, qui tum emptor fiduciarius dicebatur. Quo facto filius in mancipio sui patris cadebat, et ille manumissione in filium jura patroni consequebatur. Filii primo gradu non nisi triplici mancipatione de patris potestate exeunt. Feminis vero vel nepotibus ex filio una mancipatio sufficit. Anastasius imperator constituit ut parentes liberos suos absentes imperatoris auctoritate emancipare possent, consensu emancipati adhibito.

Justinianus pristinam emancipationis formam abolevit. Decrevit ut parentes liberos suos seu Anastasii forma, seu coram magistratu, emancipare possent.

§ III.

DE BONIS QUÆ LIBERIS.

(C., liv. VI, tit. LXI.)

Jure pristino omnia bona quæ filiisfamilias acquisita erant, patrisfamilias fiebant, et sine ulla exceptione, nam ille solus in domo dominium habebat. Paulatim nonnullæ exceptiones introductæ fuerunt. Primum de rebus in castris filiisfamilias acquisitis, in quibus dominium obtinuerunt, et quæ castrense peculium constituerunt.

Posteà de rebus in civilibus officiis acquisitis quæ filiorum-familias fierent, et quasi castrense peculium constituerunt. Denique dominium obtinuerunt in cunctis aliis bonis ex qualibet alia causa quam de patre venientibus, quæ adventitium peculium constituerunt. Quod ad hoc peculium attinet, variæ regulæ observandæ sunt. Constantinus imperator primam exceptionem admisit circa bona de matris hereditate venientia. Deinde alii imperatores hanc exceptionem ad res ex quolibet materno ascendente venientes extenderunt, et Justinianus generali constitutione has varias regulas composuit.

In bonis quæ acquisitionem patris effugiebant ususfructus jura pater obtinebat. Decedente patre, in his bonis filiusfamilias plenum jus recipiebat. Quamvis patrem usumfructum tantummodo habere diximus, aliquando partim in his dominium obtinebat. Si filium suum paterfamilias emancipabat, tunc horum bonorum tertiam partem retinebat, jure dominii. Hoc jus mutavit imperator Justinianus, et statuit ut interveniente emancipatione, pater non tertiam jure dominii, dimidiam autem partem jure ususfructus retineret.

Tempore quo filiorumfamilias acquisitiones patris fiebant, patris consensus non necessarius erat. Sed novo jure pater et filius in his acquisitionibus jura obtinentes, illorum consensus requiritur, et alterutro consensum negante, bona alteri fiebant.

THESES.

I. Qui tutelam vel curam alicujus administravit, eum adoptare non potest, si minor viginti quinque annis est. (L. 17, de Adop. D.)

II. Adoptione agnationis vel cognationis jura acquiruntur. (L. 23, h. t., D.)

III. Ex adoptivo liberi, patris adoptantis nepotes fiunt. (L. 27, h. t.)

IV. Filius emancipatus in patris naturalis potestate iterum cadere potest, adoptione. (L. 12, h. t.)

V. Liberi dignitate quadam sui juris facti, in familia naturali legitima jura servant. (Novel. 81, t. 11.)

DROIT FRANÇAIS.

1° DE L'ADOPTION ET DE LA TUTELLE
OFFICIEUSE.

2° DE LA PUISSANCE PATERNELLE.

(Liv. 1er, tit. VIII et IX, Cod. c., 343, 388, art. 32; loi du recrutement du 21 mars 1832.)

§ I.

DE L'ADOPTION.

L'adoption est une institution du droit civil, qui a pour effet de produire un changement dans l'état des personnes de l'adoptant et de l'adopté, et de créer entre eux des rapports de paternité et de filiation qui n'existaient pas auparavant.

Quoiqu'elle soit une, quant à ses effets, on peut, sous le rapport de la diversité des conditions requises, distinguer trois espèces d'adoption : l'adoption ordinaire ou gracieuse, l'adoption rémunératoire, et l'adoption testamentaire.

La première est celle qui a le caractère d'une pure libéralité

2

de la part de l'adoptant : elle est soumise à toutes les conditions établies par la loi.

La deuxième, qui se fait dans la vue de reconnaître un grand service de l'adopté qui a sauvé la vie à l'adoptant, est dispensée de plusieurs de ces conditions.

La troisième est celle qui est faite par testament de la part du tuteur officieux qui meurt avant la majorité de son pupille, mais après cinq ans révolus depuis le commencement de la tutelle.

La faculté d'adopter est donc soumise à diverses conditions plus ou moins rigoureuses, suivant les diverses espèces d'adoption.

CONDITIONS REQUISES POUR L'ADOPTION GRACIEUSE OU ORDINAIRE.

De la part de l'adoptant, sept conditions sont requises :

1° Il doit avoir la jouissance des droits civils, l'adoption étant une institution du droit civil.

2° Il doit être âgé de plus de cinquante ans : tant que le mariage peut avoir des attraits pour lui, ou tant qu'on peut raisonnablement espérer des enfants de lui, la loi ne l'admet pas à participer à la paternité qui résulte de l'adoption.

3° Il ne doit avoir, à l'époque de l'adoption, ni enfants, ni descendants légitimes, parce que l'image destinée à suppléer la réalité ne doit pas concourir avec elle, ni les enfants de la fiction nuire aux droits acquis à ceux du mariage.

4° Nul époux ne peut adopter, entre-vifs, qu'avec le consentement de l'autre conjoint, parce que l'adoption entraîne des charges qui pourraient blesser les conditions de l'association conjugale.

5° L'adoptant doit avoir au moins quinze ans de plus que l'adopté, parce que l'adoption doit imiter la nature.

6° L'adoption ne peut avoir lieu qu'à l'égard de l'individu qui, étant mineur, aura reçu, pendant six ans au moins, des soins non interrompus de la part de l'adoptant, parce qu'il faut que l'expérience des bienfaits, d'un côté, et de la reconnaissance, de l'autre, garantisse, dans le père et l'enfant adoptifs, un attachement mutuel, correspondant aux titres honorables de père et d'enfant.

7° L'adoptant doit être bien famé.

De la part de l'adopté, il faut, 1° qu'il jouisse des droits civils; 2° qu'il soit majeur; 3° qu'il rapporte le consentement de ses père et mère, ou du survivant des deux, s'il n'a pas encore sa vingt-cinquième année accomplie, ou qu'il ait requis leur conseil s'il est majeur de vingt-cinq ans; 4° qu'il n'ait pas déjà été adopté par une autre personne, si ce n'est par le conjoint de l'adoptant.

L'adopté doit être majeur, parce qu'il n'appartient qu'aux majeurs de souscrire un contrat qui opère des engagements indissolubles.

Le consentement des père et mère est nécessaire jusqu'à l'âge où la loi rend l'homme maître de sa destinée, parce qu'ils sont intéressés dans un acte qui porte sur l'état de leur enfant.

Leur conseil est requis, même après vingt-cinq ans, parce qu'à tout âge le jugement paternel doit être respecté.

Nul ne peut être adopté par plusieurs, parce qu'un individu ne peut avoir plusieurs pères et plusieurs mères, ni légitimement appartenir à un père et à une mère qui ne seraient point unis par les liens du mariage.

CONDITIONS REQUISES POUR L'ADOPTION RÉMUNÉRATOIRE.

L'adoption rémunératoire n'est admise par la loi qu'envers celui qui aurait sauvé la vie à l'adoptant, soit dans un combat, soit en le retirant des flammes ou des flots.

Cette espèce d'adoption étant motivée par un acte éclatant de dévouement, de la part de l'adopté, est soumise à moins de conditions, parce que la loi ne doit pas comprimer les sentiments de reconnaissance inspirés par la nature.

Celui qui veut par ce moyen transmettre son nom et ses biens à son libérateur est dispensé, 1° de la règle qui veut que l'adoptant soit âgé de plus de cinquante ans; il lui suffit d'être majeur.

2° Il n'est pas soumis à celle qui exige une majorité de quinze ans dans l'âge de l'adoptant sur celui de l'adopté; il suffit que le premier soit plus âgé que l'autre.

3° Le service signalé que l'adoptant a reçu suffit pour la garantie de son attachement; il le dispense des secours et des soins qu'il faut, dans les cas extraordinaires, que l'adoptant ait fournis à l'adopté pendant six ans de minorité.

L'adoption rémunératoire est donc dispensée de trois des conditions requises pour l'adoption ordinaire; mais elle est soumise à toutes les autres.

CONDITIONS REQUISES POUR L'ADOPTION TESTAMENTAIRE.

L'adoption testamentaire est aussi soumise à moins de conditions que l'adoption ordinaire.

1° Elle peut être faite après cinq ans révolus, depuis le commencement de la tutelle officieuse, tandis que l'adoption ordinaire doit être précédée de six ans au moins de secours fournis et de soins donnés sans interruption à l'adopté perdant sa minorité.

2° L'adoption testamentaire a lieu en faveur des mineurs, tandis que, dans tous autres cas, elle ne peut être faite qu'au profit d'un majeur.

3° Pour l'adoption testamentaire, l'époux adoptant n'a pas besoin du consentement de l'autre époux, tandis que, pour l'adoption entre-vifs, ce consentement est toujours requis.

DES FORMES DE L'ADOPTION.

Lorsqu'il s'agit de l'adoption entre-vifs, c'est-à-dire de l'adoption ordinaire, ou de celle rémunératoire, le contrat doit en être passé devant le juge de paix du domicile de l'adoptant.

Tout finirait là s'il s'agissait d'un contrat ordinaire, mais l'adoption porte sur l'état de la personne, et ce qui appartient à cet état n'est pas à la libre disposition de l'homme : il faut le concours de l'autorité publique pour le régler. Les tribunaux de première instance et d'appel vérifieront si toutes les conditions de la loi sont remplies ; ils auront aussi à examiner la moralité de l'adoptant et la réputation dont il jouit ; car l'adoption pourrait devenir un présent funeste si l'adoptant était sans mœurs.

Toutefois, la loi ne permet pas aux juges de s'éclairer sur ce point par la voie des enquêtes publiques, mais seulement par tous les moyens honnêtes et propres à s'assurer de la moralité de l'adoptant ; un projet aussi généreux que celui de

l'adoption ne devait pas servir à flétrir la personne qui l'aurait conçu, ni l'appareil d'une information redoutable en
éloigner ceux qui auraient eu dessein de la faire. Aussi la
procédure doit en être secrète, et les jugements rendus sans
énonciation de motifs. La publicité ne commence que lorsque les juges d'appel auront admis l'adoption. Image de la
paternité naturelle, la naissance civile sera alors portée sur
le registre de l'état civil ; c'est alors qu'elle sera véritablement
accomplie.

Quant à l'adoption testamentaire, elle n'est soumise à
aucune autre forme que celle des testaments ; il faut remar-
quer seulement que cette adoption n'est valable qu'autant que
le tuteur officieux ne laisse pas d'enfants légitimes.

DES EFFETS DE L'ADOPTION.

L'adopté, par respect pour des liens inviolables, ne sort
pas de sa famille, en conserve le nom, mais il y ajoute celui
de l'adoptant.

L'obligation réciproque de s'aider dans le besoin existe
entre l'adoptant et l'adopté, dans le cas où cette obligation
a lieu entre les pères et mères et leurs enfants. Ainsi le
commandent la morale et le titre qui les unit. La sorte d'af-
finité morale que produit l'adoption, l'ordre intérieur des
familles, et les dangers pour les mœurs, ont dû produire
divers empiétements qui font prohiber le mariage entre
l'adoptant et l'adopté, entre les enfants adoptifs du même
homme, entre l'adopté et les enfants qui pourraient survenir
à l'adoptant, et enfin, en cas de veuvage, entre l'adopté et le
conjoint de l'adoptant.

Tels sont les effets, entre-vifs, produits par l'adoption; ses effets, à cause de mort, sont relatifs à la successibilité du père et du fils adoptifs. Pour en bien saisir le principe, et en apprécier l'étendue, il faut observer que l'adopté ne change pas de famille, et que l'adoption n'est relative qu'à la personne de l'adoptant, auquel elle fournit un moyen légal de transmettre son nom et son bien à l'enfant adoptif, et de là il résulte :

1° Que l'adopté n'acquiert aucun droit de successibilité sur les biens des parents de l'adoptant, puisqu'il n'entre pas dans leur famille, et que le contrat d'adoption n'est que purement personnel entre l'adoptant et l'adopté.

2° Que l'adopté a sur la succession de l'adoptant les mêmes droits que l'enfant né en mariage, même quand l'adoptant auraient des enfants de cette dernière qualité, survenus depuis l'adoption, parce qu'il est aussi considéré comme l'enfant de la loi, et que c'est principalement pour cette transmission d'hérédité que l'adoption a été établie.

3° Que l'adopté conserve tous ses droits de successibilité dans sa famille naturelle, puisqu'il n'en change pas.

4° Que l'adopté étant admis à succéder à ses parents naturels, ceux-ci doivent aussi, par réciprocité, être admis à recueillir sa succession; mais que l'adoption étant un bénéfice personnel pour l'adopté, les parents naturels qui lui succèdent, ne doivent point profiter, au préjudice de l'adoptant, des choses données par lui à l'adopté.

En conséquence, si l'adopté meurt sans descendants légitimes, les choses données par l'adoptant, ou recueillies dans sa succession, et qui existent en nature, retournent à l'adoptant, ou à ses descendants, à la charge de contribuer aux dettes, et sans préjudice des droits acquis à des tiers. Le

surplus des biens de l'adopté est dévolu à ses parents naturels.

Si du vivant de l'adoptant, et après le décès de l'adopté,
les enfants ou descendants, laissés par celui-ci, meurent eux-
mêmes sans postérité, l'adoptant succède toujours, aux
mêmes conditions et charges, aux choses par lui données ;
mais alors ce droit de retour est inhérent à sa personne,
sans qu'il puisse le transmettre à ses héritiers, même en
ligne directe.

§ II.

DE LA TUTELLE OFFICIEUSE.

A côté de l'adoption, et comme auxiliaire, vient se placer
la tutelle officieuse, qui peut être définie : Un contrat de
bienfaisance par lequel on s'oblige de nourrir et d'élever gratuitement un mineur, de le mettre en état de gagner sa vie,
et d'administrer aussi gratuitement sa personne et ses biens.

Cette tutelle diffère de celle ordinaire en trois points :

1° La tutelle ordinaire est une charge de famille qu'on ne
peut refuser, sans un motif d'excuse légitime; la tutelle officieuse, au contraire, est un contrat purement volontaire.

2° Tandis que les tuteurs ordinaires ne sont point obligés
d'administrer gratuitement les biens de leurs pupilles, l'administration du tuteur officieux est purement gratuite, et
celui-ci ne peut imputer, sur les biens du mineur, aucune
dépense relative à son éducation.

3° Enfin, à la différence de la tutelle ordinaire, la tutelle
officieuse n'est point interdite aux femmes.

Les conditions particulières à la tutelle officieuse, sont,
pour ce qui concerne le tuteur : 1° qu'il ait plus de cinquante.

ans; 2° qu'il n'ait ni enfants ni descendants légitimes; 3° qu'il ait le consentement de son conjoint, s'il est marié.

Les conditions relatives au pupille sont : 1° qu'il soit mineur de quinze ans; sans cela, la tutelle officieuse, qui a essentiellement l'enfance pour objet, perdrait le caractère qui lui convient; 2° qu'il ait le consentement de ses père et mère, ou du survivant d'eux; à leur défaut, d'un conseil de famille; ou enfin, s'il n'a pas de parents connus, le consentement des administrateurs de l'hospice civil où il a été recueilli, ou de la municipalité du lieu de sa résidence.

La seule formalité requise est la rédaction, par le juge de paix du domicile de l'enfant, du procès-verbal des demande et consentement.

Les effets de la tutelle officieuse sont ceux ci-après :

1° Si le pupille était antérieurement en tutelle, l'administration de sa personne et de ses biens passe au tuteur officieux, qui, dès lors, remplit toutes les fonctions d'un tuteur ordinaire, chargé de rendre compte à la fin de sa gestion.

Il résulte de là que les père et mère qui ont consenti à la tutelle officieuse de leur enfant, ne conservent pas sur lui la tutelle qu'ils avaient précédemment, puisque cette charge passe au tuteur officieux; mais comme ils n'aliènent que la tutelle, il en résulte aussi qu'ils conservent tous les droits de la puissance paternelle, et que l'administration des biens dont la loi leur donne l'usufruit n'est point déférée au tuteur officieux.

2° Sans préjudice de toutes stipulations particulières qui peuvent être insérées au contrat de la tutelle officieuse, elle emporte, de plein droit, l'obligation de nourrir le successible, de l'élever, et de le mettre en état de gagner sa vie.

Cette obligation du tuteur officieux doit être considérée sous deux aspects différents ; ou en tant qu'elle porte sur les soins auxquels il s'est obligé, ou en tant qu'elle est relative aux aliments nécessaires à l'enfant.

Sous le premier aspect, elle est purement personnelle dans le tuteur, et s'éteint avec lui.

Mais sous le deuxième aspect, elle est réelle, et passe à la charge des héritiers.

3° En conséquence, s'il vient à mourir avant la majorité de son pupille, et sans lui avoir conféré l'adoption testamentaire, ou pourvu, d'une autre manière, à ses aliments, il doit être fourni à celui-ci, durant sa minorité, des moyens de subsister dont la quotité et l'espèce sont amiablement réglées entre son représentant et ceux du tuteur, ou judiciairement en cas de contestation.

4° L'article 369 du Code porte que : « Si, dans les trois mois qui suivront la majorité du pupille, les réquisitions par lui faites à son tuteur officieux, à fin d'adoption, sont restées sans effet, et que le pupille ne se trouve pas en état de gagner sa vie, le tuteur officieux pourra être condamné à indemniser le pupille de l'incapacité où celui-ci pourrait se trouver de pourvoir à sa subsistance.

« Que cette indemnité se résoudra en secours propres à lui procurer un métier ; le tout sans préjudice des stipulations qui auraient pu avoir lieu dans la prévoyance de ce cas. »

Plusieurs conséquences résultent de cette disposition de la loi.

La première, que si c'est le mineur lui-même qui, devenu majeur, renonce aux avantages de l'adoption, il ne lui est dû aucune indemnité, puisque la loi ne lui accorde le droit d'en exiger qu'autant qu'il a inutilement requis l'adoption.

La deuxième, qu'il est censé y avoir renoncé et n'a plus aucune indemnité à prétendre si, depuis sa majorité acquise, il a laissé écouler trois mois, sans faire à son tuteur aucune réquisition afin d'être adopté.

La troisième, que la loi ne distinguant pas si c'est par le refus du tuteur, ou par toutes autres causes, que les réquisitions afin d'être adopté sont restées sans effet, l'indemnité est due même dans le cas d'un empêchement involontaire de la part du tuteur, parce que sa négligence à mettre le pupille en état de gagner sa vie, lui est toujours imputable.

La quatrième, qu'en déclarant que le tuteur pourra être condamné à cette indemnité, la loi suppose qu'il peut aussi éviter d'être condamné, en prouvant qu'il n'y a point eu de sa faute, et que l'incapacité de son mineur n'est due qu'à lui-même.

5° Enfin, l'un des effets les plus signalés de la tutelle officieuse, est l'exception qu'elle introduit à la disposition qui veut que les majeurs seuls puissent être adoptés, et la faculté qu'elle donne à celui qui, ayant exercé, pendant cinq ans, cette tutelle bienfaisante, et qui craint d'être surpris par la mort avant la majorité de son pupille, de l'adopter par son testament.

§ III.

DE LA PUISSANCE PATERNELLE.

La puissance paternelle est un droit fondé sur la nature, et donné par la loi aux pères et mères sur la personne et les biens de leurs enfants.

Nous disons aux pères et mères :

1° Parce que, fondée sur la nature, et ne résultant pas seulement, comme chez les Romains, du droit civil, la puissance paternelle appartient à la mère aussi bien qu'au père, avec cette restriction que, durant le mariage, le père, comme chef de famille, en a seul l'exercice, et que la mère n'en a que la survivance.

2° Parce que les pères et mères seuls sont revêtus de la puissance paternelle, à l'exclusion des ascendants supérieurs. Il n'y a d'exception qu'en ce qui concerne le mariage, pour lequel les petits-enfants qui n'ont plus ni pères ni mères sont sous la puissance des aïeuls, sans le consentement desquels ils ne peuvent le contracter tant qu'ils sont mineurs.

Quoique la puissance paternelle n'étende pas ses effets civils au delà de la majorité ou de l'émancipation, néanmoins l'enfant, à tout âge, doit honneur et respect à ses père et mère, d'où il résulte qu'à tout âge il est non recevable à ouvrir contre eux une action qui tendrait à les déshonorer, parce qu'il ne saurait avoir un droit contraire aux devoirs que la loi lui impose.

Les obligations des parents envers leurs enfants supposent le rapprochement et la docilité de la part de ceux-ci ; c'est pourquoi l'enfant mineur et en puissance ne peut quitter la maison paternelle sans la permission du père ou de la mère survivante.

Il n'y a qu'un cas excepté, c'est celui de l'enrôlement volontaire, pour lequel l'enfant peut, après vingt ans, quitter la maison paternelle malgré ses père et mère, parce que la raison supérieure du service public l'emporte sur toute autre considération.

Toute puissance directrice ou régulatrice suppose l'attribution d'une force coercitive quelconque. Lorsqu'un enfant en puissance a donné, par sa conduite, des sujets graves de mécontentement à ses père et mère, la loi attache à la magistrature domestique dont ils sont revêtus un droit de correction par voie de détention, dont l'usage est réglé proportionnellement à l'âge et à l'état de l'enfant, et au plus ou moins de confiance due aux pères et mères eux-mêmes, suivant la position où ils se trouvent : mais comme tout ce qui appartient à la liberté des citoyens sort des bornes du droit privé, les pères et mères sont obligés d'associer l'autorité publique dans l'exercice de ce droit de correction, et c'est le président du tribunal de l'arrondissement de leur domicile que la loi délègue pour donner la sanction publique à leur volonté privée.

Suivant les cas déterminés par la loi, cette détention peut avoir lieu de deux manières : ou par voie d'autorité, par la volonté et le jugement du père, dont le président du tribunal ne fait qu'ordonner l'exécution, sans prendre connaissance de la cause, ou par voie de réquisition, lorsque, sur la demande du père ou de la mère, ce magistrat, en connaissance de cause et après s'être fait rendre compte des motifs de la pétition, accorde ou refuse l'arrestation demandée.

Comme ce n'est pas la société qui punit l'enfant, mais que c'est le père, il pourra toujours arrêter la punition. Le pouvoir de la mère étant plus borné, il ne lui est pas donné, comme au père, d'abréger la détention ordonnée par le juge.

La loi ouvre, du reste, à l'enfant détenu par suite de réquisition, une voie de réclamation contre une rigueur dont il pourrait démontrer l'injustice.

Et enfin, comme il ne faut pas que les traces d'une punition de famille puissent nuire à un homme en rappelant les fautes de son enfance, il n'y aura point de formalités judiciaires ni écritures; rien ne doit rester, si ce n'est l'ordre d'arrestation dans lequel les motifs ne doivent pas même être énoncés; et celui qui l'a demandé est seulement obligé de souscrire une soumission de payer les frais et de fournir des aliments à l'enfant.

Voilà pour les droits des parents sur la personne de leurs enfants; il nous reste à parler des droits qu'il a paru juste et convenable de leur attribuer sur leurs biens.

La loi accorde aux pères et mères légitimes, pour les indemniser des soins et des obligations que leur impose leur qualité, l'usufruit des biens appartenant à leurs enfants, jusqu'à ce que ceux-ci aient atteint l'âge de dix-huit ans accomplis: le mari seul a ce droit d'usufruit légal pendant le mariage, la mère n'ayant que la survivance de ce droit d'usufruit lorsque le mari est prédécédé; et comme cette jouissance n'est accordée aux pères et mères que sur les biens de leurs enfants en puissance, il en résulte que si, durant le mariage, le père les émancipe, la mère se trouve, par le fait seul de l'émancipation, privée de toute expectative d'usufruit légal sur leurs biens.

Nous avons dit que l'usufruit ne dure que jusqu'à l'âge de dix-huit ans; c'est afin que l'enfant, arrivé à sa majorité, ne prenne pas l'administration de ses biens sans trouver quelques ressources pécuniaires.

Nous avons dit aussi que ce droit compète aux pères et mères légitimes; en effet, ce droit n'appartient pas, sur les biens des enfants naturels, aux pères et mères qui les ont reconnus.

L'art. 383 du Code rend, au surplus, commun aux pères et mères des enfants naturels légalement reconnus, l'exercice de la puissance paternelle, quant aux dispositions des articles 376, 377, 378 et 379, relatifs aux droits de correction.

Les charges de l'usufruit légal des biens des enfants sont:

1° Celles auxquelles sont tenus les usufruitiers;

2° La nourriture, l'entretien et l'éducation des enfants, selon leur fortune;

3° Le payement des arrérages de rentes ou intérêts des capitaux;

4° Les frais funéraires et ceux de dernière maladie.

Cet usufruit finit par les causes ci-après :

1° Lorsque l'enfant a atteint l'âge de dix-huit ans accomplis;

2° Par l'émancipation ou la mort qui auraient lieu avant cet âge.

3° Il cesse, pour la mère, par son convol en deuxièmes noces.

4° Il n'a pas lieu au profit de celui des père et mère contre equel le divorce a été prononcé.

5° Les biens que les enfants ont acquis par un travail ou une industrie séparés, n'y sont point soumis.

6° Il en est de même des biens donnés ou légués aux enfants sous la condition expresse que les pères et mères n'en jouiront pas.

7° Il n'a pas lieu au profit des pères et mères lorsqu'ils ont été déclarés indignes de succéder, et qu'à leur défaut la succession se trouve par là dévolue à leurs enfants.

8° Il n'a pas lieu non plus au profit des mêmes, lorsqu'ils ont été déclarés coupables du délit prévu par l'article 335 du Code pénal, d'attentat aux mœurs sur la personne de leurs enfants.

9° Enfin, lorsque la communauté est dissoute par la mort naturelle ou civile de l'un des époux ayant des enfants, si le père ou la mère survivant a omis de faire inventaire des biens et effets composant la communauté dissoute, il demeurera privé de l'usufruit légal sur les biens de ses enfants mineurs.

QUESTIONS.

Peut-on adopter ses enfants naturels ? — Oui.

Les enfants de l'adopté sont-ils les petits-fils de l'adoptant, lui succèdent-ils, soit de leur chef, soit par représentation ? — Oui.

L'adoption confère-t-elle à l'adoptant sur la personne de l'adopté la portion de la puissance paternelle qui est réservée aux ascendants sur les majeurs ? — Non.

Est-ce l'inscription sur les registres de l'état civil qui forme le lien du droit entre les parties ? — Non.

N'est-ce pas plutôt le contrat passé devant le juge de paix ? — Oui.

Après l'inscription, les parties sont-elles libres de révoquer l'adoption ? — Non.

Lorsque le testament contenant l'adoption est fait avant l'expiration des cinq ans prescrits par l'article 366, mais que le testateur ne vient à mourir qu'après les cinq ans, l'adoption est-elle valable ? — Non.

Le testateur ou le donateur peut-il interdire aux pères et mères l'administration des biens donnés aux enfants ? — Non.

www.ingramcontent.com/pod-product-compliance
Lightning Source LLC
Chambersburg PA
CBHW070757210326
41520CB00016B/4735